Plätzchenduft und Kerzenschein
Meine schönsten Weihnachtsgeschichten

Plätzchenduft und Kerzenschein

Meine schönsten
Weihnachtsgeschichten

ISBN 978-3-7432-1024-0
1. Auflage 2021
© 2021 Loewe Verlag GmbH, Bindlach
Inhalte aus Einzelausgaben © 2012, 2013, 2015 Loewe Verlag GmbH, Bindlach
Umschlagillustration: Anna Karina Birkenstock
Innenillustrationen: Marina Krämer
Umschlaggestaltung: Ramona Karl
Printed in the EU

www.loewe-verlag.de

Inhalt

Bald ist Weihnachten. Darum hat Moritz mit Papa heute
einen Weihnachtsbaum gekauft. „Der ist aber schön!",
freut sich Mama. Zusammen tragen sie ihn erst mal
auf die Terrasse, damit er schön frisch bleibt.
„So, jetzt kann Heiligabend kommen", sagt Papa zufrieden.
Das findet Moritz auch. Denn dann ist endlich Bescherung.
„Was ich wohl für Geschenke kriege?", überlegt er.

Später klingelt das Telefon.
„Moritz, komm doch mal!", ruft Mama. „Das ist Oma!
Sie möchte dir etwas sagen."
Moritz flitzt sofort herbei. Er telefoniert nämlich gern
mit seiner Oma. Zu schade, dass sie so weit weg wohnt!
Oma möchte, dass Moritz ihr einen Wunschzettel schickt.
Darauf soll er alles malen, was er sich wünscht.
„Damit dir das Christkind auch wirklich das
Richtige bringt", sagt sie.
Moritz freut sich.
Omas Päckchen sind immer besonders toll.

Moritz setzt sich sofort in sein Zimmer und fängt an zu malen:
einen Dinosaurier, eine neue Schranke für seine Eisenbahn,
einen Abschleppwagen, einen Teppich mit aufgedruckten Stra-
ßen und Parkplätzen ... Moritz hat so viele Wünsche!
Er malt fast den ganzen Nachmittag. Aber irgendwann fällt
ihm nichts mehr ein. Mama gibt Moritz einen Briefumschlag.
In den steckt Moritz seinen Wunschzettel.

Am nächsten Tag gehen Mama und Moritz einkaufen.
Auf dem Heimweg sieht Moritz ein Feuerwehrauto im
Schaufenster. „Das wünsche ich mir!", ruft er begeis-
tert. Zum Glück hat Mama seinen Wunschzettel noch
nicht abgeschickt. Zu Hause holt Moritz ihn noch mal
aus dem Umschlag und malt ein Feuerwehrauto dazu.
Danach wirft er den Brief in den Briefkasten an der
Straßenecke. „Gute Reise!", ruft Moritz ihm hinterher.

Jeden Vormittag, wenn der Briefträger klingelt,
rennt Moritz nun zur Tür. Er ist so gespannt auf
Omas Päckchen! Vielleicht kann er ja sogar erraten,
was drin ist, wenn er ein bisschen daran rüttelt.
„Ist etwas für mich dabei?", fragt Moritz auch heute
wieder. Aber der Briefträger schüttelt den Kopf.
„Leider nicht", sagt er und drückt Moritz bloß
einen Stapel langweiliger Post für Mama und
Papa in die Hand.

Endlich ist Heiligabend. „Heute muss Omas
Päckchen aber kommen", denkt Moritz. Nach
dem Frühstück schaut er ungeduldig aus dem
Fenster. Dicke weiße Flocken fallen vom Himmel.
Es wird zehn Uhr, dann elf Uhr. „Vielleicht ist der
Briefträger ja im Schnee stecken geblieben",
sagt Papa. „Komm, Moritz, wir holen schon
mal den Weihnachtsbaum ins Wohnzimmer."
Moritz seufzt. „Weihnachten ohne Päckchen
von Oma ist doof", findet er.

Da endlich klingelt es. Moritz springt auf und rennt zur Tür.
Aber nanu, das ist ja gar nicht der Briefträger!
„Überraschung!", ruft eine fröhliche Stimme. Stürmisch
umarmt Moritz seine Oma. Aus den Augenwinkeln sieht
er ein großes buntes Päckchen aus ihrer Reisetasche
hervorlugen. Aber plötzlich findet Moritz es gar nicht mehr
so wichtig. Das allerschönste Weihnachtsgeschenk hat er
sowieso schon bekommen: seine Oma.

Als Finn, das kleine Reh,
an diesem Morgen aufwacht, traut
er seinen Augen kaum! „Mama, schau mal,
alles ist weiß. Der ganze Wald glitzert!"
Mama Reh lächelt. „Das ist Schnee", erklärt sie. „Wir haben
Winter. Schon ganz bald wirst du dein erstes Weihnachten erleben."
„Weihnachten?", fragt Finn verwundert.
Mama Reh nickt. „Das ist das allerschönste Fest im Jahr! Dann
kommen die Engelchen und schmücken unseren Wald. Alle Tiere
versammeln sich auf der großen Lichtung, um miteinander zu feiern."

Das muss Finn unbedingt seinen Freunden erzählen! Aufgeregt
läuft er zu ihnen. „Los, lasst uns im Schnee spielen!"
Doch der Dachs, der Igel und das Eichhörnchen gähnen nur.
„Brrr, der Schnee ist uns viel zu kalt. Wir schlafen lieber, bis es
wieder Frühling wird."
„Dann verpasst ihr ja Weihnachten!", ruft Finn. Aber das hören
seine Freunde nicht mehr. Sie schlummern schon tief und fest.
Der Dachs in seinem Bau, der Igel unter seinem Blätterhaufen
und das Eichhörnchen in seinem Nest.

Am nächsten Morgen spitzt Finn die Ohren.
War da nicht eben ein leises Klingeln zu hören?
Er blinzelt verschlafen. Nanu, was ist denn hier los?
Zwischen den Bäumen flitzen viele kleine Engel umher
und hängen goldene Sternchen und Glöckchen an die Tan-
nenzweige.
„Fröhliche Weihnachten!", kichert ein frecher Engel und wirft dem
kleinen Reh einen Schneeball auf die Nase. Finn schüttelt sich und
blickt staunend umher. „Der Wald ist wie verzaubert", flüstert er.

Mama Reh stupst Finn zärtlich an. „Nun aber schnell! Wir
wollen doch nicht zu spät zum Weihnachtsfest kommen."
Finn trottet hinter seiner Mama her. Obwohl ringsherum
alles strahlt und glitzert, wird er plötzlich ganz traurig.
„Was hast du denn, kleines Reh?", fragt der freche Engel.
„Magst du Weihnachten etwa nicht?"
Finn seufzt. „Doch, aber ich vermisse meine Freunde.
Sie wissen ja gar nicht, wie schön Weihnachten ist. Sie ver-
schlafen alles."

Der kleine Engel reibt sich grübelnd die Nasenspitze.
Dann lächelt er geheimnisvoll und klatscht in die
Hände. Sofort kommen alle Engelchen angeflitzt und
stecken ihre Köpfe zusammen. Erst flüstern sie, sodass
Finn kein Wort verstehen kann, aber dann ruft der freche
Engel: „Auf die Plätze, fertig, flattern!" Und alle schlagen wie
wild mit ihren Flügeln. Sie flattern und flattern, bis ein heftiger
Wind aufkommt und die Glöckchen in den Tannen anfangen zu
läuten. *Klingelingeling!*

„Nanu, was ist denn da draußen los?", brummt der Dachs und steckt seine Nase aus dem Bau. „Woher kommt dieses Gebimmel?", schnauft der Igel und wühlt sich aus seinem Blätterhaufen. „Warum ist es plötzlich so laut?", wispert das Eichhörnchen und lugt aus seinem Nest. „Wer hat den Wald so schön geschmückt?", fragen alle drei gleichzeitig und sind auf einmal hellwach. „Das waren die Engelchen!", jubelt Finn. „Fröhliche Weihnachten, ihr Schlafmützen!"

Schnell rennen sie zur Lichtung. Dort steht ein prächtiger Weihnachtsbaum! Alle Tiere haben sich darunter versammelt, um fröhlich miteinander zu feiern. Am glücklichsten aber ist das kleine Reh Finn –
denn nun sind all seine Freunde bei ihm. Und bevor sich der Dachs,
der Igel und das Eichhörnchen wieder schlafen legen, haben sie noch
einen Wunsch: „Von jetzt an wollen wir jedes Jahr von den Engelchen
geweckt werden. Damit wir Weihnachten nie mehr verschlafen."

Hans-Christian Schmidt
Marina Krämer

Duftender Weihnachtszauber
bei Familie Maus

Es ist Advent! Familie Maus
verschönert mit viel Grün das Haus.
So steht auch bald im großen Raum
ein praller grüner Tannenbaum.

Familie Maus nimmt Apfelsinen,
steckt Nelken rein und schmückt mit ihnen
ganz wunderschön den Weihnachtsbaum.
Dort steht er. Ist er nicht ein Traum?

Beim Weihnachtsmarkt ist echt viel los.
Hier duftet was. Was ist das bloß?
Was riecht denn hier so herrlich lecker?
Die Brataäpfel vom Zuckerbäcker.

Hier gibt es Spekulatius,
der riecht nach Zimt, welch ein Genuss!
Dort Honigkuchen mit viel Nuss.
Und auch die Mandeln schnuppern fein.
– Die große Tüte soll es sein!

Verfroren ist Familie Maus
zurück in ihrem warmen Haus.
Die Mutter fragt: „Habt ihr 'nen Wunsch?"
„O ja, wir wollen heißen Punsch!"

Dann rufen alle laut: „Wir wollen
jetzt Plätzchen backen und auch Stollen!"
Drum dringen bald aus Mausens Küche
die allerfeinsten Wohlgerüche.

Am Heiligabend dann im Zimmer
bei stimmungsvollem Kerzenschimmer,
der Mensch und Maus ganz selig macht,
genießen sie die Weihnachtsnacht.

Kling, Glöckchen, klingelingeling

Worte: Karl Tenslin

1. Kling, Glöck - chen, klin - ge - lin - ge - ling, kling, Glöck - chen, kling!

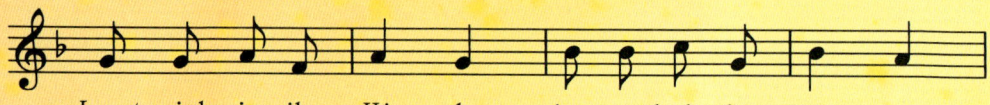

Lasst mich ein, ihr Kin - der, ist so kalt der Win - ter,

öff - net mir die Tü - ren, lasst mich nicht er - frie - ren.

Kling, Glöck - chen, klin - ge - lin - ge - ling, kling, Glöck - chen, kling!

2. Kling, Glöckchen, klingelingeling,
kling, Glöckchen, kling!
Mädchen, hört, und Buben,
macht mir auf die Stuben,
bring euch viele Gaben,
sollt euch dran erlaben.
Kling, Glöckchen, klingelingeling,
kling, Glöckchen, kling!

3. Kling, Glöckchen, klingelingeling,
kling, Glöckchen, kling!
Hell erglühn die Kerzen,
öffnet mir die Herzen,
will drin wohnen fröhlich,
frommes Kind, wie selig.
Kling, Glöckchen, klingelingeling,
kling, Glöckchen, kling!

Der Bratapfel

Kinder, kommt und ratet,
was im Ofen bratet!
Hört, wie's knallt und zischt!
Bald wird aufgetischt
der Zipfel, der Zapfel,
der Kipfel, der Kapfel,
der gelb-rote Apfel.

Kinder, lauft schneller,
holt einen Teller!
Holt eine Gabel!
Sperrt auf den Schnabel
für den Zipfel, den Zapfel,
den Kipfel, den Kapfel,
den gold-braunen Apfel.

Sie pusten und prusten,
sie gucken und schlucken,
sie schnalzen und schmecken,
sie lecken und schlecken
den Zipfel, den Zapfel,
den Kipfel, den Kapfel,
den knusprigen Apfel.

Fritz und Emilie Kögel

Lasst uns froh und munter sein

Volksgut

1. Lasst uns froh und mun-ter sein und uns in dem Herrn er-freun. Lus-tig, lus-tig, tra-le-ra-le-ra, bald ist Nik-laus-a-bend da, bald ist Nik-laus-a-bend da.

2. Dann stell ich den Teller auf,
Niklaus legt gewiss was drauf.
Lustig, lustig, tra-le-ra-le-ra,
bald ist Niklausabend da,
bald ist Niklausabend da!

3. Wenn ich aufgestanden bin,
lauf ich schnell zum Teller hin.
Lustig, lustig, tra-le-ra-le-ra,
bald ist Niklausabend da,
bald ist Niklausabend da!

O du fröhliche Weihnachtszeit

Worte: J. D. Falk (1. Str.) H. Holzschuher (2. Str.)
Weise: volkstümlich aus Sizilien

1. O du fröh - li - che, o du se - li - ge,

gna - den - brin - gen - de Weih - nachts - zeit!

Welt ging ver - lo - ren, Christ ist ge - bo - ren,

freu - e, freu - e dich, o Chris - ten - heit!

2. O du fröhliche, o du selige,
gnadenbringende Weihnachtszeit.
Christ ist erschienen, uns zu versühnen,
freue, freue dich, o Christenheit!

Advent

Advent, Advent!
Ein Lichtlein brennt.
Erst eins, dann zwei,
dann drei, dann vier,
dann steht das Christkind
vor der Tür!

Volksgut

Morgen kommt der Weihnachtsmann

1. Mor - gen kommt der Weih - nachts - mann,
kommt mit sei - nen Ga - ben. Äp - fel,
Nüs - se zum Ver - zehr, Trom - mel, Pfei - fe
und noch mehr, ja, ein gan - zes Spiel - zeug - heer,
möcht ich ger - ne ha - ben.

2. Bitte, lieber Weihnachtsmann,
denk daran und bringe
Schaufel, Rechen, Eimer mir,
Zottelbär und Panthertier,
Ross und Esel, Schaf und Stier,
lauter schöne Dinge.

3. Doch du weißt ja unsern Wunsch,
kennst ja unsre Herzen.
Kinder, Vater und Mama,
ja sogar der Großpapa,
alle, alle sind wir da,
warten dein mit Schmerzen.

O Tannenbaum

Volksgut

1. O Tan - nen - baum, o Tan - nen - baum, wie grün sind dei - ne Blät - ter! Du grünst nicht nur zur Som - mers - zeit, nein, auch im Win - ter, wenn es schneit. O Tan - nen - baum, o Tan - nen - baum, wie grün sind dei - ne Blät - ter!

2. O Tannenbaum, o Tannenbaum,
du kannst mir sehr gefallen.
Wie oft hat nicht zur Weihnachtszeit
ein Baum von dir mich hocherfreut!
O Tannenbaum, o Tannenbaum,
du kannst mir sehr gefallen!

3. O Tannenbaum, o Tannenbaum,
dein Kleid will mich was lehren:
Die Hoffnung und Beständigkeit
gibt Trost und Kraft zu jeder Zeit.
O Tannenbaum, o Tannenbaum,
dein Kleid will mich was lehren.

Morgen, Kinder, wird's was geben

Martin Friedrich und
Philipp Bartsch

1. Mor - gen, Kin - der, wird's was_ ge - ben,
Welch ein Ju - bel, welch ein_ Le - ben

mor - gen_ wer - den wir uns freun!
wird in_ un - serm Hau - se sein!

Ein - mal wer - den wir noch wach,

hei - ßa, dann ist Weih - nachts - tag!

2. Welch ein schöner Tag ist morgen,
neue Freude, hoffen wir!
Unsre guten Eltern sorgen lange,
lange schon dafür.
O gewiss, wer sie nicht ehrt,
ist der ganzen Lust nicht wert!

Ach, du lieber Nikolaus

Ach, du lieber Nikolaus,
komm ganz schnell in unser Haus.
Hab so viel an dich gedacht!
Hast mir doch was mitgebracht?

Volksgut

Stille Nacht, heilige Nacht

Worte: J. Mohr
Weise: F. Gruber

1. Stil - le Nacht, hei - li - ge Nacht! Al - les schläft,

ein - sam wacht nur das trau - te, hoch - hei - li - ge

Paar; hol - der Kna - be im lo - cki - gen Haar,

schlaf in himm - li - scher Ruh, schlaf

in himm - li - scher Ruh!

2. Stille Nacht, heilige Nacht!
Gottes Sohn, o wie lacht
Lieb aus deinem göttlichen Mund,
da uns schlägt die rettende Stund,
Christ, in deiner Geburt,
Christ, in deiner Geburt!

3. Stille Nacht, heilige Nacht!
Hirten erst kundgemacht,
durch der Engel Halleluja
tönt es laut von fern und nah:
Christ, der Retter, ist da,
Christ, der Retter, ist da.

Annette Moser wurde 1978 in Hamburg geboren. Sie studierte Germanistik und Kunstgeschichte in Bamberg und in Rom. Danach arbeitete sie mehrere Jahre als Lektorin in einem Kinder- und Jugendbuchverlag. Sich selbst Geschichten auszudenken, war schon immer ihr Traum. Heute lebt sie mit ihrer Familie in Landshut und widmet sich ganz dem Schreiben.

Hans-Christian Schmidt, 1973 geboren, ist Gymnasiallehrer für Deutsch und Geschichte, Vater von zwei Söhnen und Autor von Geschichten für Kinder. Im Team mit Andreas Német, Illustrator, entstehen zahlreiche innovative Buchideen für Kinder.

Marina Krämer wurde 1974 in Russland geboren. 1990 zog sie nach Deutschland und studierte Visuelle Kommunikation und Grafikdesign in Stuttgart. Heute arbeitet sie als freiberufliche Illustratorin und lebt mit ihrer Familie und ihrem Kater in Ludwigsburg.

Das will ich lesen!

ISBN 978-3-7432-1154-4

Das kleine Schneehäschen wünscht sich nichts
sehnlicher als einen Freund! Mit seinem Wunschzettel
im Gepäck macht es sich auf zum Weihnachtsmann.
Ob der wohl helfen kann?

Das will ich lesen!

ISBN 978-3-7432-1109-4

Es ist der Abend vor Weihnachten und die kleine Maus ist auf der Suche nach einem neuen Zuhause. Unterwegs begegnet sie dem Hasen, dem Fuchs und dem Bären und hilft ihren neuen Freunden bei den Weihnachtsvorbereitungen. Doch dann wird es langsam spät und die kleine Maus hat noch immer kein passendes Haus gefunden. Ob sie es noch rechtzeitig bis Weihnachten schaffen kann?

Das will ich lesen!

Das will ich lesen!

ISBN 978-3-7432-0878-0

Jedes Jahr an Weihnachten lesen Mia und ihre Familie einen Brief, den ihr Opa einst geschrieben hat. Darin wünscht er sich für Mia eine bessere Welt, in der wir Menschen alles dafür tun, die Natur, unsere Erde und das Wohl ihrer Bewohner zu bewahren.

Loewe
Das will ich lesen!

Das will ich lesen!

ISBN 978-3-7432-0270-2

Hilfst du uns beim Plätzchenbacken? Zuerst müssen
alle Zutaten in eine Schüssel, dann werden mit den
Förmchen lustige Figuren ausgestochen und schon geht
es für die Plätzchen ab in den Backofen. Und wenn sie
endlich fertig sind, alles blitzschnell vernaschen.
Oh, da muss wohl Nachschub her!

Das will ich lesen!